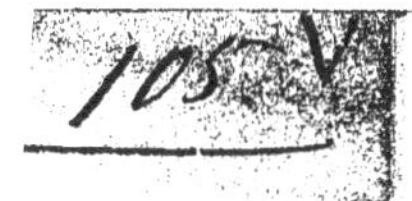

Vente le Jeudi 10 Décembre 1868

ÉMAUX

DE LA CHINE ET DU JAPON

PORCELAINES

MATIÈRES DURES ET LAQUES

EXPOSITION PUBLIQUE

LE MERCREDI 9 DÉCEMBRE 1868

Mᵉ CHARLES PILLET
COMMISSAIRE-PRISEUR
rue de la Grange-Batelière, 10.

M. FEBVRE
EXPERT
rue Saint-Georges, 14.

PARIS — 1868

RENOU & MAULDE

IMPRIMEURS DE LA COMPAGNIE DES COMMISSAIRES-PRISEURS

Rue de Rivoli, 144.

CATALOGUE

ÉMAUX CLOISONNÉS

DE LA CHINE ET DU JAPON

BELLES PORCELAINES

MATIÈRES DURES, LAQUES, ETC.

OBJETS DE MONTRES ET D'ÉTAGÈRES

DONT LA VENTE AUX ENCHÈRES PUBLIQUES AURA LIEU

HOTEL DES VENTES

RUE DROUOT, SALLE N° 3

Le Jeudi 10 Décembre 1868

A DEUX HEURES ET DEMIE TRÈS-PRÉCISES

Par le ministère de Mᵉ **CHARLES PILLET**, Commissaire-Priseur,
rue de la Grange-Batelière, 10,

Assisté de M. **FEBVRE**, Expert, rue Saint-Georges, 14,

Chez lesquels se distribue le Catalogue.

EXPOSITION PUBLIQUE

Le Mercredi 9 Décembre 1868, de une heure à cinq heures

PARIS

RENOU & MAULDE

IMPRIMEURS DE LA COMPAGNIE DES COMMISSAIRES-PRISEURS
Rue de Rivoli, 144

—

1868

CONDITIONS DE LA VENTE

La Vente sera faite au comptant.

Les Acquéreurs paieront CINQ POUR CENT en sus du prix d'adjudication, applicables aux frais.

L'Exposition mettant le public à même de se rendre compte de l'état des Objets, il ne sera admis aucune réclamation une fois l'adjudication prononcée.

DÉSIGNATION DES OBJETS

Émaux cloisonnés de la Chine et du Japon

1 — Vase de forme balustre, orné de quatre frises, de fleurs, de chrysanthèmes et d'œillets en tons variés sur très-beau bleu turquoise; anses émaillées à têtes de tigre.

2 — Deux Vases cylindriques, la panse cloisonnée à losanges sur lesquels se détachent des fleurs, des banderoles et divers attributs; en haut et en bas, quatre frises dont deux à raies-de-cœur.

3 — Deux Flambeaux avec coupes centrales, beau décor de fleurs, de cinq frises de grecques et de palmettes et émaux variés sur turquoise.

4 — Deux Bouteilles à longs cols, riche décor de chèvrefeuille et d'enroulements sur fond bleu lapis; au bas, frises flamboyantes.

5 — Charmant Ting de forme rectangulaire, coins à arêtes saillantes, couvercle dômé, surmonté d'une chimère et orné d'une frise à jour; beau décor d'arabesques à cinq tons, sur fond turquoise, pieds carrés émaillés dominés par deux têtes de tigres en bronze doré.

6 — Deux Coupes d'une très-belle fabrication; les fonds ornés de fleurs et d'arabesques; les dessous et les piédouches avec ceintures de frises à palmettes, grecques et godrons.

7 — Petit Brûle-Parfums, anses surélevées à oreillons, la panse ornée de fleurs de marguerites, le col entouré d'une frise; pieds à trompes d'éléphants; couvercle avec bouton en bronze doré.

8 — Jardinière de forme cylindrique. Charmante pièce fond rouge corail, avec panneaux de grecques en émaux de couleurs; le bas avec quart-de-rond offrant une frise de raies-de-cœur; anses à jour et en bronze doré; formées par des chimères.

9 — Boîte et Couvercle, ornée de fleurs et d'arabesques sur fond turquoise.

10 — Très-joli petit Vase, semi-ovoïde, à long col, décor de frises et de fleurs, anses à jour en bronze doré.

11 — Boîte à couvercle, décorée de petites rosaces en tons variés, sur bleu turquoise.

12 — Très-beau Bassin en émail de Hon-Kow; au centre, un sujet en couleur représentant des habitations chinoises avec personnages, rebord festonné avec décor de fleurs; le dessous et les côtés avec frises à branchages et bouquets.

12 *bis* — Sous ce numéro seront vendues plusieurs pièces ou émaux cloisonnés.

Émaux cloisonnés du Japon

13 — Plat de forme ovale; très-beau décor offrant trois frises de fleurs avec losanges et écussons en couleurs diverses, fond lapis et turquoise; pièce remarquable par la finesse du travail et l'harmonie des tons.

14 — Brazero à couvercle et à anses mobiles, riche décor de rosaces, de pâquerettes et d'entrelacs en émaux de couleurs sur fond vert.

15 — Coupe à couvercle, décor à losanges et fleurs sur bleu turquoise.

16 — Deux Flambeaux, très-finement décorés de fleurs.

Bronzes

17 — Deux Vases de forme tulipe, à calices dentelés, entièrement damasquinés d'argent, décor offrant des dragons dans des vagues; anses à jour formées par des fruits et des feuilles de lierre.

18 — Brûle-Parfums avec anses et pieds à trompes et têtes d'éléphants, très-beaux ornements en relief, quelques parties avec incrustations de cabochons, pierres dures et autres matières; couvercle repercé à jour et surmonté d'un éléphant couché.

19 — Grand et beau Cornet décoré d'emblèmes et de palmettes incrustées d'argent; arêtes saillantes dentelées séparant la panse en quatre parties.

20 — Gourde avec anses à jour, à panse aplatie, ornée de deux frises rayonnantes; inscriptions sur le col.

21 — Vase à fleurs décoré d'ornements en relief. Anses
à têtes de lions.

22 — Brazero soutenu par trois pieds cylindriques, de
forme élevée. Cette pièce est décorée d'emblèmes en argent damasquiné.

Jades et Matières dures

23 — Cornets en jade vert, à quatre pans, avec coins à
arêtes saillantes, décor gravé avec palmettes et
l'emblème de la vigilance.

24 — Coupe en cristal de roche, figurant un tronc d'arbre
ayant quelques parties repercées à jour.

25 — Écran en jade blanc, décor finement sculpté, représentant d'un côté un paysage avec personnages,
de l'autre, des rochers où croissent des tiges de
lotus.

26 — Coupe en Jade blanc, ayant la forme d'un fruit entouré de feuillages et de tiges de champignons.

27 — Porte-bouquet, en cornaline à deux tons, rouge et
blanc, offrant un rocher entouré de branches de
pêcher avec des fruits.

28 — Coupe en Cornaline teintée de rose, entourée de
branchages et de fleurs.

29 — Coupe en agate mamelonnée, de forme contournée,
décor de feuillages en relief et gravés.

30 — Coupe en jade blanc, ornements en relief, anses
formées par deux Salamandres.

31 — Petite coupe en agate, anses à jour et à sceptres.

32 — Coupe en jade blanc, ayant la forme d'une demi-
pêche entourée de branches et de fleurs sculptées
à jour.

33 — Coupe en agate, anses à jour.

Porcelaines de la Chine

34 — Grande Jardinière, décor émaillé en couleur, représentant des plantes et des oiseaux aquatiques;
en haut et en bas, deux ceintures de frises.

35 — Grande et belle Vasque semi-sphérique, décor en
camaïeu bleu, offrant des combats de cerfs et des
grues et des paysages.

36 — Deux grands Vases de la dynastie de *Kien-Long*, de
forme ovoïde; décor émaillé offrant des femmes
chinoises et des enfants dans des paysages.

37 — Deux Bouteilles, décor de rosaces, d'arabesques
en rouge de cuivre sur fond blanc.

38 — Vase ovoïde, fond vert émaillé, décor en couleur
offrant un Philosophe et un Enfant.

39 — Vase forme bouteille, décor en couleur représentant
des dragons au milieu des nuages.

40 — Vase de forme conique, décor émaillé représentant
des personnages réunis autour d'une table.

41 — Deux Bouteilles, dites Gargoulettes; riche décor
de fleurs, de chauves-souris, de papillons et
d'entrelacs en émaux de couleurs sur fond
vert.

42 — Vase de forme ovoïde, décor fond rouge corail à rehauts d'or, avec médaillons émaillés représentant des personnages chinois.

43 — Vase fond rouge rubis, à panse surélevée, très-bel émail.

44 — Deux Vases à quatre pans, décor fond bleu, anses à têtes d'éléphant.

45 — Vase ovoïde, décor en camaïeu bleu, représentant des biches dans un paysage.

46 — Grande Vasque, décor émaillé, offrant deux femmes chinoises donnant à manger à un perroquet; sur le marly sont divers attributs.

47 — Deux Vases, décor flambé, flamme de punch ; anses à jour à sceptres; ancienne fabrication.

48 — Cornet; décor en bleu rehaussé de rouge, offrant des chevaux dans un paysage.

49 — Grande Vasque, décor émaillé avec pagode et personnages sacrés.

50 — Une très-belle Bouteille, le haut décoré de fleurs émaillées, le bas avec personnages chinois dans un paysage.

51 — Vase de forme cylindrique, orné de pivoines, de feuillages, le tout en émaux de couleurs, sur fond rouge de laine.

52 — Très-belle bouteille dite Gargoulette, fond bleu turquoise.

53 — Vase balustre, avec doubles frises émaillées, à personnages chinois.

54 — Bouteille gargoulette, décor émaillé vert, offrant
deux Chimères, sur fond jaune indien.

55 — Vase à col étranglé, décor bleu offrant un dragon
se débattant au milieu des nuages.

56 — Plat creux, décor émaillé : deux dames chinoises à
un balcon.

57 — Grand Cornet, décor de personnages et de fleurs en
camaïeu bleu.

58 — Jardinière fond jaune indien, avec frises et dragons
en émaux de couleurs.

59 — Vase à grosse panse, en porcelaine céladonnée et
craquelée, décor de chevaux en camaïeu bleu
sur fond blanc.

60 — Bouteille à long col, décor d'arabesques, de fleurs
et de chauves-souris, en bleu et rouge de cuivre.

61 — Jardinière de forme cylindrique, décor émaillé offrant un paysage montagneux avec rivière.

62 — Vase à panse surélevée, émail imitant un ancien
bronze, anses à jour, à têtes d'éléphants.

63 — Deux petits Vases à côtes en émail bleu et violet
flambé.

64 — Vase cylindrique, décor émaillé représentant un
personnage chinois implorant une grâce.

65 — Chimère accroupie, décor fond bleu soufflé.

66 — Vase à col étranglé, beau décor émaillé ; en haut,
des fleurs sur fond vert ; en bas, des personnages
chinois dans un paysage.

67 — Petite Jardinière, beau décor émaillé, fond rouge
avec fleurs et arabesques.

68 — Bouteille céladonnée vert d'eau, le col entouré d'une salamandre en relief.

69 — Vase à huit pans, en porcelaine céladonnée, fond gris.

70 — Deux Coupes à bords contournés, les extérieurs fond rouge avec semis de fleurs.

71 — Petite Bouteille fond jaune, avec dragon émaillé vert.

72 — Deux Plateaux en ancien japon; au centre sont des rosaces rayonnantes.

73 — Petite Bouteille fond bleu perse, à réhauts d'or.

74 — Jardinière rectangulaire, décor de feuillages émaillés.

75 — Petit Vase ovoïde, fond bleu turquoise.

76 — Vase à fleurs, décor émaillé de personnages chinois dans un paysage.

77 — Deux Plateaux fond rouge craquelé, décors d'accessoires émaillés.

78 — Petit Vase fond turquoise craquelé.

79 — Vase en émail jaune de miel.

80 — Deux grands Vases, décor flambé bleu et violet.

Porcelaines de Satzuma

81 — Très-magnifique Boîte à couvercle, riche décor émaillé représentant un paysage entouré de trois frises. Pièce exceptionnelle.

82 — Groupe émaillé en couleur, représentant un Bonze
portant un Enfant.

Laques

83 — Boîte rectangulaire à compartiments, beau décor
en relief avec incrustations en nacre, corail et
ivoire.

84 — Une autre semblable à la précédente.

85 — Grande Boîte ronde à couvercle, en laque rouge de
Pékin, riche décor de paysage en relief.

86 — Boîte de forme lobée en laque rouge de Pékin,
riches ornements gravés à rosaces et médaillons.

87 — Autre Boîte, décor de figures et de paysages.

88 — Autre Boîte, riche décor en relief, offrant des figures et des animaux dans un paysage.

89 — Autre Boîte ronde à couvercle, décor de fleurs
et fruits.

90 — Deux petites Jardinières en bois sculpté.

91 — Sept Coupes en laque noir burgauté.

92 — Grande et magnifique Boîte à couvercle, décor
de grecques et de caractères chinois en nacre
incrusté.

Meubles

93 — Table carrée en bois noir; le dessus avec plaque
en émail cloisonné; décor de paysage avec cours
d'eau en émaux de couleurs sur bleu turquoise;
la plaque contr'émaillée représente des rochers
et des fleurs.

94 — Petite Table à ouvrage en laque aventuriné, avec
fleurs or; elle repose sur quatre pieds; au
centre, un plateau également en laque.

95 — Deux Meubles d'entre-deux, en laque noir, avec
fleurs or.

96 — Deux Jardinières, même genre que les meubles pré-
cédents.

97 — Grande Vitrine style Louis XVI, en bois noir, avec
filets en cuivre.

98 — Une autre, même genre, mais plus petite que la
précédente.

99 — Sous ce numéro, les Objets omis.

Renou et Maulde, imprimeurs de la Compagnie des Commissaires-Priseurs,
rue de Rivoli, 144.   18932